Petra Stadtfeld

Sofie, Paul und Lilly gehen mit Jesus

PETRA STADTFELD

Sofie, Paul & Lilly gehen mit JESUS

EINE TRAUMHAFTE GESCHICHTE FÜR ERSTKOMMUNION-KINDER

MIT ILLUSTRATIONEN VON MYRTILLE BONNENFANT

VERLAGSGRUPPE PATMOS

PATMOS
ESCHBACH
GRÜNEWALD
THORBECKE
SCHWABEN
VER SACRUM

Die Verlagsgruppe
mit Sinn für das Leben

MIX
Papier aus verantwortungsvollen Quellen
FSC® C014138

Klimaneutral
Druckprodukt
ClimatePartner.com/14549-2003-1001

Für die Verlagsgruppe Patmos ist Nachhaltigkeit ein wichtiger Maßstab ihres Handelns. Wir achten daher auf den Einsatz umweltschonender Ressourcen und Materialien.

Verlagsgruppe Patmos in der Schwabenverlag AG,
Ostfildern
www.patmos.de

Gestaltung: Finken & Bumiller, Stuttgart
Illustrationen: Myrtille Bonnenfant
Druck: Finidr, s.r.o., Český Těšín
Hergestellt in Tschechien
ISBN 978-3-8436-1340-8

Dieses Buch gehört

....

Inhalt

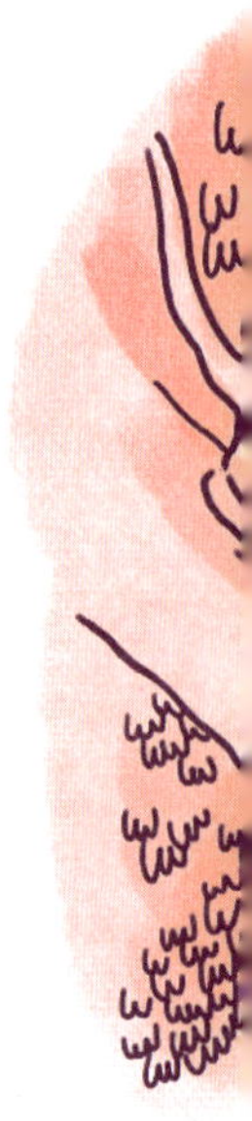

Das Kind in der Mitte

Nur noch drei Wochen bis zur Erstkommunion. Paul und Sofie freuen sich schon sehr auf diesen besonderen Tag. Zusammen mit den anderen Kindern aus ihrer Klasse treffen sie sich jede Woche in der Kommuniongruppe, um Jesus besser kennenzulernen und sich auf den großen Tag vorzubereiten.

»Kommst du noch mit in mein Baumhaus?«, fragt Paul nach dem Kommuniontreffen.

»Gerne«, antwortet Sofie, »aber dann nehmen wir auch Lilly mit.« Sofies Hund ist immer dabei, wenn Paul und Sofie miteinander spielen.

»Welche Geschichte von Jesus gefällt dir am besten?«, fragt Paul, als sie zusammen mit Lilly im Baumhaus sitzen.

»Als Jesus den Blinden heilt«, antwortet Sofie. »Und dir?«

»Ich mag die Geschichte mit Zachäus am liebsten. Mir gefällt, dass er auf einen Baum klettert, um Jesus zu sehen.«

Gerne wären Paul und Sofie dabei gewesen, als Jesus mit seinen Jüngern in die Dörfer und Städte zu den Menschen gegangen ist, um sie zu heilen und ihnen von Gott zu erzählen.

»Schau mal, was ich hier habe«, sagt Paul und hält Sofie sein Smartphone vor die Nase. »Hier sind die Geschichten mit Jesus drauf. Willst du sie hören?«

Sofie ist begeistert.

Zusammen mit Lilly machen es sich die beiden auf der kuscheligen Decke gemütlich und tauchen ein in die biblische Welt mit Jesus.

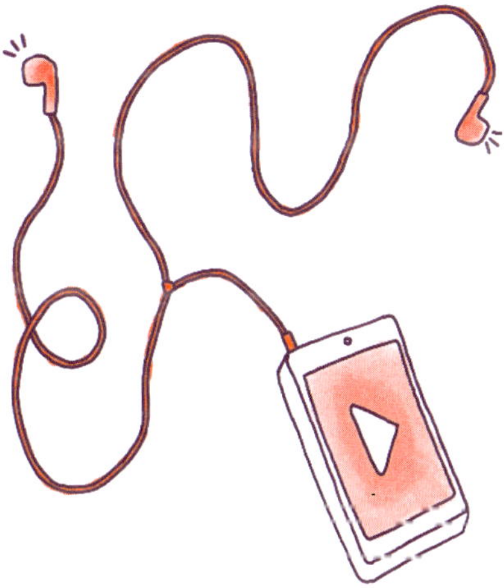

Mit einem Mal stehen die drei mit Jesus auf einem Marktplatz. Männer mit Bärten und langen Gewändern gehen an ihnen vorbei. Frauen mit Körben stehen vor den Marktständen und kaufen Obst und Gemüse, Fleisch oder Fisch. Auch Zucker, Salz, Oliven, Wein, Fladenbrot und Kräuter bieten die Markthändler an. Der Duft von Nelken, Zimt und Koriander liegt in der Luft und bunte Stoffe aus Wolle, Samt und Seide leuchten in der Sonne.

»Wo sind wir?«, fragt Paul.

»Auf dem Weg zu den Menschen«, sagt Jesus. »Ihr dürft mit mir gehen, so wie ihr es euch gewünscht habt.«

Sofie und Paul sehen sich fragend an und können es kaum fassen. »Kommt, wir gehen zu meinen Jüngern. Sie warten dort drüben auf mich«, sagt Jesus und zeigt auf eine Gruppe von Männern, die sich gerade darüber streiten, wer von ihnen im Himmel der Größte sein wird. Als sie Jesus kommen sehen, werden sie still und schauen verwundert auf Paul und Sofie.

Jesus stellt die beiden in die Mitte und sagt: »Wer so klein sein kann wie diese Kinder, der ist im Himmelreich der Größte.« Die Jünger schauen sich an und überlegen, was Jesus ihnen damit sagen will. »Darüber könnt ihr unterwegs nachdenken«, sagt Jesus. »Lasst uns jetzt weiterziehen, denn ich will noch vielen Menschen die Botschaft vom Reich Gottes bringen.«

Dann nimmt er Sofie und Paul an die Hand und zusammen mit den Jüngern gehen sie los. Und Lilly geht mit.

Der Himmel wächst in dir

»Wie ist Gott denn so und wo lebt er?«, fragt Sofie, als sie auf dem Weg sind.

»Gott ist der Schöpfer der Welt«, erklärt Jesus. »Er hat alles gemacht: die Pflanzen und Bäume, die Berge und das Meer, die Tiere und die Menschen. Gott liebt alles, was er erschaffen hat.«

»Auch Paul und mich?«, will Sofie wissen.

»Natürlich, auch euch hat Gott lieb«, sagt Jesus. »Die Kinder liebt Gott besonders.«

»Und wo wohnt Gott?«, fragt sie noch einmal.

»In seinem Reich«, sagt Jesus.

»Du meinst im Himmel?«, überlegt Sofie. »Das ist ja ganz schön weit weg.«

»Das Reich Gottes oder wie du es sagst, der Himmel, ist gar nicht so weit weg, wie du denkst«, sagt Jesus. »Es beginnt hier auf der Erde. Gott hat mich gesandt, um den Menschen das zu sagen und ihnen vom Reich Gottes zu erzählen.« Aufmerksam hören Sofie und Paul weiter zu.

»Das Reich Gottes ist nicht hier oder dort«, erklärt Jesus. »Es ist kein Ort mit einem Straßenschild. Das Reich Gottes ist da, wo die Liebe ist«, beschreibt er. »Überall, wo die Menschen gut zueinander sind, wächst Gottes Reich.« »Aber wenn es wächst, dann müsste man es doch sehen können«, meint Paul. »Ich kann ja auch sehen, wie die Blumen wachsen.«

»Der Himmel wächst in dir«, sagt Jesus und legt seine Hand auf Pauls Herz. »Gott ist die Liebe. Sein Reich wächst immer dann, wenn wir einander lieb haben.«

Wenn Freunde an dich glauben

Als sie in ein Dorf kommen, tritt ein Mann auf Jesus zu und sagt:

»Komm doch bitte in mein Haus, Jesus, und erzähl mir und meinen Freunden von Gott.« Jesus und die Jünger gehen mit und auch Paul, Sofie und Lilly sind dabei. Immer mehr Menschen kommen dazu, sodass das Haus bald überfüllt ist und viele auf der Straße stehen. Alle wollen hören, was Jesus zu sagen hat.

»Gott liebt jeden von euch. Er kennt eure Sorgen und Nöte«, sagt Jesus. »Gott lässt euch nicht allein, wenn ihr Kummer habt oder traurig seid. Habt Mut und fürchtet euch nicht. Gott ist immer da.«

Während Jesus so redet, öffnet sich plötzlich das Dach über ihnen. Vier Männer decken den Lehm und die Palmblätter ab und lassen eine Tragbahre hinunter, auf der ein Mann liegt, der gelähmt ist. Jesus sieht hinauf zu den vier Männern und als er erkennt, wie groß ihr Glaube ist, sagt er zu dem Gelähmten:

»Steh auf, nimm deine Bahre und geh nach Hause.«

Sofort steht der Mann auf, nimmt die Tragbahre und geht heim.

Alle staunen.

Auch Paul und Sofie wundern sich und schauen dem geheilten Mann hinterher. Dann sehen sie nach oben.

»Das sind bestimmt seine Freunde da auf dem Dach.«

»Ja«, meint Jesus, »und sie haben einen starken Glauben. Sie müssen ihren Freund sehr lieb haben, wenn sie ihn so weit tragen.« Paul und Sofie lächeln sich an. Sie wissen, wie stark Freundschaft sein kann.

Jesus ruft Levi

Als sie das Dorf verlassen, kommen sie am Zollhaus vorbei, wo ein Mann sitzt. Sein Name ist Levi.

»Was ist ein Zollhaus?«, fragt Paul.

»Hier muss jeder, der in die Stadt hinein gehen will, eine Zollgebühr bezahlen«, erklärt Jesus.

»Und der Mann dort passt auf, dass niemand hineinkommt, der nicht bezahlt?«, fragt Paul.

»So ist es«, sagt Jesus und geht hinüber zum Zollhaus.

»Was will er denn da?«, fragt Sofie.

»Keine Ahnung«, antwortet Paul.

Beide schauen Jesus nach.

»Komm mit. Folge mir nach!«, sagt Jesus zu Levi. Und sofort steht Levi auf und geht mit Jesus.

»Das ist Levi«, sagt Jesus, als sie vor Paul und Sofie stehen. »Er wird von nun an mit uns gehen.«

»Hallo, Levi. Ich bin Paul.«

»Und ich bin Sofie.«

»Hallo«, sagt Levi freundlich und vor Freude darüber, dass Jesus ihn gerufen hat, lädt er alle zu einem Festmahl ein. Auch seine Kollegen kommen und essen mit ihnen. Den Pharisäern und Schriftgelehrten gefällt das überhaupt nicht.

»Wie kann er sich nur mit diesen Zöllnern an einen Tisch setzen? Weiß er denn nicht, dass das Diebe und Sünder sind, die den Leuten das Geld aus der Tasche ziehen?«

Als Jesus das hört, sagt er:

»Ich bin gekommen, um die Sünder zur Umkehr zu rufen.«

»Was ist Umkehr?«, will Paul wissen.

»Umkehr bedeutet, die Richtung zu ändern«, erklärt Jesus. »Wenn du merkst, dass du in die falsche Richtung gehst, musst du umkehren, wenn du weiterkommen willst. Levi hat das erkannt und sich entschieden, sein Leben zu ändern, als ich ihn gerufen habe.«

»Aber das ging alles so schnell. Wie konnte Levi sich auf einmal so sicher sein, ohne darüber nachzudenken?«

»Ich habe schon lange darüber nachgedacht und gespürt, dass etwas in meinem Leben nicht stimmt.« Paul und Sofie drehen sich um. Sie haben gar nicht bemerkt, dass Levi hinter ihnen steht. »Ich war nicht zufrieden mit dem, was ich tat. Ich war nicht glücklich«, sagt Levi. »Bisher hatte ich aber nie den Mut, etwas zu ändern. Ich wusste auch nicht so recht, was ich anders machen soll. Erst als Jesus mich rief und sagte, ich solle ihm folgen, war mir auf einmal klar: Ja, das ist es! Ich will sein Jünger sein. Das ist die richtige Richtung. Das ist mein Weg.«

Paul und Sofie freuen sich, dass Levi mit ihnen geht.

Alle werden satt

Von überallher kommen die Menschen, um Jesus zu treffen. Er begrüßt alle freundlich, erzählt ihnen die frohe Botschaft vom Reich Gottes, von der Gemeinschaft der Menschen miteinander und mit Gott und er heilt alle, die seine Hilfe brauchen. Als der Tag zu Ende geht, sagen die Jünger zu Jesus:

»Es ist Zeit, die Leute nach Hause zu schicken, denn es wird dunkel und sie werden sicher hungrig sein.«

Jesus schaut die Jünger an und sagt:

»Gebt ihr ihnen zu essen.«

»Wie soll das gehen?«, fragen sie. »Es sind so viele und wir haben nur fünf Brote und zwei Fische.«

Sofie und Paul können die Jünger gut verstehen. Sie sind gespannt, was jetzt geschieht.

»Sagt den Leuten, sie sollen sich in Gruppen zusammensetzen und bringt mir die Brote und Fische.« Die Jünger wundern sich sehr, aber schließlich tun sie, was Jesus ihnen sagt. Die Menschen setzen sich ins Gras. Es wird ganz still.

Da nimmt Jesus die fünf Brote und zwei Fische. Er schaut zum Himmel und spricht einige Worte.

»Ich glaube, er betet«, flüstert Sofie, die mit Paul und Lilly auch im Gras sitzt.

»Das erinnert mich an unser Tischgebet vor dem Mittagessen«, flüstert Paul zurück. »Allerdings bete ich dann immer mit meinem Gebetswürfel.«

Jesus bricht die Brote und gibt sie zusammen mit den Fischen den Jüngern, damit sie alles an die vielen Leute verteilen. Und siehe da, alle werden satt. Es bleiben sogar noch zwölf Körbe voller Brotstücke übrig.

»Das ist ja ein richtiges Wunder«, meint Sofie.

Paul nickt und meint: »Mit Jesus kann man wirklich Wunder erleben.«

Zu Besuch bei Maria und Marta

Am nächsten Tag ziehen sie weiter und kommen in ein Dorf, wo Maria und Marta wohnen. Die beiden sind Schwestern. Als Marta Jesus kommen sieht, lädt sie ihn und seine Jünger in ihr Haus ein. Auch Paul, Sofie und Lilly dürfen mit.

»Setzt euch«, sagt Marta. Sie deckt den Tisch und versorgt alle mit leckerem Essen. Während Marta die ganze Zeit arbeitet, sitzt Maria neben Jesus und hört ihm aufmerksam zu, was er zu erzählen hat.

Jetzt reicht es mir aber, denkt Marta. Sie ärgert sich über Maria, dass sie ihr die ganze Arbeit alleine überlässt.

»Kannst du meiner Schwester mal bitte sagen, dass sie mir gefälligst helfen soll?«, beschwert sie sich bei Jesus.

Oh je, jetzt gibt es sicher ein Donnerwetter, denkt Paul und rückt näher zu Sofie.

»Marta, Marta«, sagt Jesus, »du machst dir viele Sorgen und Mühen. Aber nur eines ist notwendig.«

»Das ist aber nicht fair«, meint Sofie. Paul stupst Sofie an. »Sei still, das geht dich nichts an.«

»Es ist trotzdem nicht fair. Mir würde es auch nicht gefallen, wenn meine Schwester mir nicht helfen würde«, wehrt sich Sofie.

»Vielleicht gibt es ja manchmal Wichtigeres, als zu arbeiten«, sagt Paul.

»Was denn zum Beispiel?«, will Sofie wissen.

»Zuhören zum Beispiel«, antwortet Paul. Fragend schaut Sofie hinüber zu Jesus und den beiden Schwestern.

»Darüber muss ich noch nachdenken«, sagt Sofie.

Die große Freude eines kleinen Mannes

Auch auf den Straßen von Jericho drängen sich wieder viele Menschen um Jesus herum. In der Stadt lebt ein Mann namens Zachäus. Er arbeitet als Zollbeamter, so wie Levi früher. Die Leute mögen Zachäus nicht besonders, weil er von ihnen mehr Geld verlangt, als ihm zusteht. Zachäus ist reich, aber nicht glücklich. Er hat ein großes Haus, aber keine Freunde. Als er erfährt, dass Jesus in seine Stadt kommt, möchte Zachäus ihn unbedingt sehen, denn er hat schon viel von ihm gehört. Aber das ist schwierig für Zachäus, denn er ist klein und die vielen Menschen, die Jesus sehen wollen, versperren ihm die Sicht.
Aber Zachäus hat eine Idee. Er klettert auf einen Baum. Von hier aus kann er Jesus gut sehen, wenn er vorbei kommt. Gespannt hält Zachäus Ausschau nach Jesus. Dann sieht er ihn von weitem. Als Jesus näher kommt, bleibt er unter dem Baum stehen, auf dem Zachäus sitzt, und schaut hinauf.

»Zachäus, steig schnell herunter, denn heute will ich dein Gast sein«, ruft Jesus ihm zu. Zachäus kann es nicht fassen, dass Jesus ihn anspricht. Im Nu klettert er vom Baum herab und steht vor Jesus. Zusammen geht er mit ihm und den Jüngern in sein Haus. Auch Paul und Sofie gehen mit. Sie hören, wie die Leute murren, genauso wie neulich bei Levi.

»Wie kann Jesus bei so einem einkehren?«, sagen sie. »Weiß er denn nicht, mit wem er es da zu tun hat?«

Zachäus lässt sich die gute Laune aber nicht verderben. Er freut sich so sehr darüber, dass Jesus bei ihm ist, dass er die Hälfte seines Vermögens an die Armen verschenkt und jedem mehr Geld zurückgibt, als er von ihm verlangt hat.

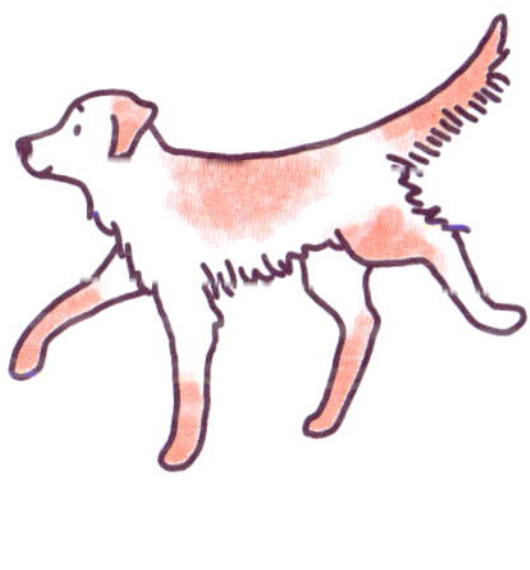

»Zachäus ist ja richtig glücklich«, sagt Paul, der mit Sofie und Lilly neben Jesus sitzt.

»Ja, er fühlt sich zum ersten Mal angenommen, so wie er ist. Er spürt, dass ich ihn respektiere und sein Bestes will.«

»Es kommt mir so vor, als sei Zachäus ein Stück größer geworden«, stellt Paul fest.

»Das kann schon sein«, sagt Jesus. »Wenn ein Mensch sich selber wieder achtet, sieht man ihm das an.«

»Wieso können sich die anderen denn nicht mit Zachäus freuen?«, fragt Sofie.

»Sie glauben, ihn zu kennen, und trauen ihm nicht zu, dass er sich ändern kann«, erklärt Jesus. »Sie haben ihre feste Meinung, die sie nicht ändern wollen.«

»Das ist schade«, sagt Paul. »Sonst hätten sie vielleicht Freunde werden können, so wie wir und Levi.«

Platz für alle

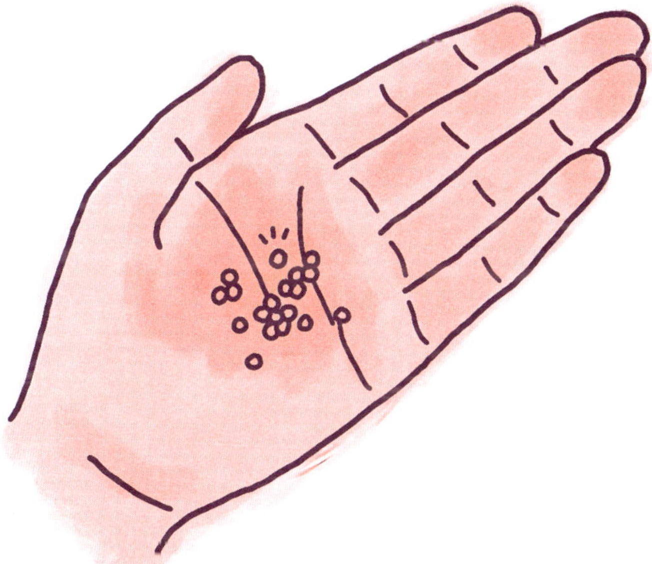

Als sie weitergehen, bückt Jesus sich, um etwas aufzuheben.

»Was hast du da?«, fragt Sofie. Auch Lilly ist neugierig und schnuppert an Jesus' Hand.

»Seht es euch an«, sagt Jesus und hält den beiden seine offene Hand entgegen.

»Das sind Samenkörner«, sagt Paul.

»Ja, es sind Senfkörner«, sagt Jesus. Die beiden sehen sich die kleinen schwarzen Körner genauer an.

»Und was ist damit?«

»Das Reich Gottes gleicht so einem Senfkorn. Obwohl es so klein ist, wird es größer als alle anderen Gewächse. Es wird eine so große und prächtige Staude daraus, dass viele Vögel auf ihren Zweigen sitzen und in ihrem Geäst ihre Nester bauen können. So ist es auch mit Gott und seinem Reich. Gottes Liebe ist so groß, dass er in seinem Herzen für alle Menschen einen Platz hat.«

»Dann muss er aber ein sehr großes Herz haben«, meint Sofie.

»Das hat er«, sagt Jesus und lässt die Senfkörner in Pauls und Sofies Hände rieseln.

Die Kraft des Vertrauens

Als sie Jericho wieder verlassen, sitzt ein Bettler am Straßenrand. Paul und Sofie sehen gleich, dass er blind ist. Lilly läuft auf den Bettler zu und bellt ihn an.

»Lilly, hierher!« Sofie ruft ihren Hund zurück. »Keine Angst«, sagt Sofie, als sie vor dem Blinden stehen. »Er tut dir nichts.«

»Wer bist du?«, fragt der Mann.

»Ich bin Sofie und neben mir ist Paul und Lilly kennst du ja schon.«

Überrascht, dass ihn jemand anspricht, tastet er mit den Händen nach allen Seiten. Dann greift er in Lillys weiches Fell. Lilly lässt sich von ihm streicheln.

»Ich mag Hunde«, sagt der Mann. »Sie sind gute Freunde.«

»Wie ist dein Name?«, fragt Paul.

»Ich bin Bartimäus.«

»Wir können dir leider nichts geben, denn wir haben kein Geld. Doch warte, hier habe ich einen Apfel, den schenke ich dir«, sagt Sofie und legt den Apfel in Bartimäus' leere Hand.

»Danke«, sagt Bartimäus und steckt den Apfel in seinen zerlumpten Mantel, den er schützend um sich geschlagen hat. »Den hebe ich mir für später auf.«

»Darf ich dich was fragen?«, sagt Sofie.

»Nur zu, was willst du wissen?«

»Wie lange bist du schon blind?«

»Schon sehr lange«, antwortet Bartimäus. »Meine Augen wurden mit der Zeit immer schlechter. Irgendwann konnte ich gar nichts mehr sehen. Dann habe ich meine Arbeit und mein Zuhause verloren. Das ist schon viele Jahre her.«

»Das tut uns leid«, sagt Sofie. »Vielleicht kann dir Jesus helfen.«

»Du meinst, Jesus ist hier?«, fragt Bartimäus und reckt seinen Kopf nach oben. »Ich habe mich schon gewundert, warum so viele Leute auf der Straße sind.«

»Ja, dort drüben ist er«, sagt Sofie.

»Jesus, hab Erbarmen mit mir!«, ruft Bartimäus plötzlich laut aus.

»Pst. Sei still!«, sagen einige Männer, die in der Nähe stehen. Doch Bartimäus schreit noch lauter:

»Jesus, bleib stehen und hilf mir!«

»Hör auf, nach Jesus zu rufen. Für so jemanden wie dich hat er sowieso keine Zeit.« Doch Bartimäus lässt sich nicht einschüchtern. Er will unbedingt zu Jesus. Noch einmal ruft er so laut wie er kann:

»Jesus, erbarme dich meiner!« Alle drehen sich um. Jetzt hat auch Jesus Bartimäus entdeckt.

»Sagt ihm, er soll zu mir kommen.« Die Jünger gehen zu Bartimäus und machen ihm Mut:

»Steh auf, Jesus ruft dich.« Flugs wirft Bartimäus seinen zerlumpten Mantel ab, springt auf und läuft, so schnell er kann, auf Jesus zu. Dabei wäre er beinahe über einen Stein gestolpert.

»Was soll ich für dich tun?«, fragt Jesus, als er vor ihm steht. Bartimäus muss nicht lange überlegen.

»Ich will wieder sehen können und ich weiß, du kannst mir helfen.«

Jesus schaut ihn an und sagt:

»Weil du an mich glaubst, sollst du nicht länger blind sein.« Im selben Moment öffnet Bartimäus die Augen.

»Ich kann wieder sehen! Ich kann wieder sehen!«, ruft er überglücklich und bedankt sich bei Jesus. Auch Sofie und Paul freuen sich, dass Bartimäus wieder sehen kann.

Der wertvolle Schatz

»Erzähl uns noch mehr vom Reich Gottes«, bitten Paul und Sofie, als sie wieder auf dem Weg sind. Da erzählt Jesus ihnen folgendes Gleichnis:

»Mit dem Reich Gottes ist es wie mit einem Schatz, der in einem Acker vergraben liegt. Als ein Mann ihn entdeckt, vergräbt er ihn schnell wieder. Dann geht er hin, verkauft alles, was er besitzt, und kauft von dem Geld den Acker, in dem der Schatz liegt.«

»Das muss ja ein wertvoller Schatz gewesen sein«, meint Paul.

»Ja, er ist für ihn das Wichtigste auf der Welt«, antwortet Jesus.

»Was kann denn so wichtig sein, dass man alles dafür hergibt?«, fragt sich Sofie.

»Für jeden kann etwas anderes wichtig sein«, meint Jesus. »Was ist denn für euch das Wichtigste auf der Welt?«

»Am wichtigsten sind mir meine Eltern und meine Freundin Sofie«, sagt Paul und lächelt Sofie an.

»Mir auch«, sagt Sofie. »Und Lilly natürlich.« Lilly springt an Sofie hoch.

»Und du bist uns auch sehr wichtig«, sagt Paul. Sofie nickt zustimmend.

»Und ihr beide seid mir ganz wichtig«, sagt Jesus und lächelt die beiden an. »Da haben wir wohl alle drei einen Schatz gefunden.«

Nähe macht gesund

Auf dem Weg kommen ihnen zehn Aussätzige entgegen. In der Ferne bleiben die Männer stehen, denn die Krankheit ist sehr ansteckend. Sie dürfen niemandem zu nahe kommen. Manche von ihnen tragen kleine Glöckchen am Fuß, damit man sie schon von weitem hören und ihnen aus dem Weg gehen kann.

»Die Pusteln und Beulen sehen ja schlimm aus«, sagt Sofie.

»Ja, die Geschwüre tun auch sehr weh und fressen sich immer tiefer in den Körper hinein«, erklärt Jesus. »Und weil es sehr ansteckend ist, dürfen sie sich niemandem nähern. Deshalb ziehen sie sich in die Wälder und Höhlen zurück.«

»Kümmert sich denn niemand um sie?«, fragt Paul.

»Nein, sie sind sich selbst überlassen. Sie sind oft sehr einsam und haben große Angst, dass sie an der Krankheit sterben. Und weil sie nicht arbeiten können, haben sie oft nichts zu essen.«

»Das ist ja schlimm«, sagt Sofie.

Als die aussätzigen Männer Jesus sehen, rufen sie laut:

»Jesus, hab Erbarmen mit uns. Bitte hilf uns!« Jesus geht auf sie zu und sagt:

»Geht, zeigt euch den Priestern.« Ohne nachzufragen, tun sie, was Jesus ihnen sagt.

»Sie vertrauen dir«, sagt Paul.

»Ja, sie glauben an mich. Ihr Glaube wird sie heilen«, sagt Jesus. Und tatsächlich, auf dem Weg zu den Priestern werden alle wieder gesund.

»Aber wieso hast du sie zu den Priestern geschickt?«, fragt Sofie.

»Wenn jemand Aussatz hat und wieder gesund geworden ist, muss er sich den Priestern zeigen, damit sie die Heilung bestätigen«, erklärt Jesus. »Dann erst werden sie wieder in die Gemeinschaft aufgenommen.«

Einige Zeit später kommt einer der Geheilten zurück, um sich bei Jesus zu bedanken und Gott zu loben.

»Wo sind denn die anderen neun?« Jesus wundert sich, dass nicht alle gekommen sind, um Gott zu ehren und zu danken. Dann sagt er zu dem Geheilten: »Dein Glaube hat dir geholfen. Du kannst jetzt wieder gehen, wohin du willst.«

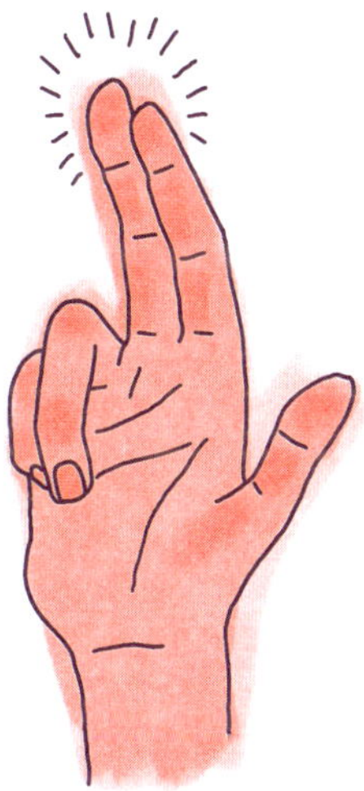

Das Vaterunser

Eine Zeit lang gehen Paul und Sofie schweigend neben Jesus her. Nur Lilly läuft ein Stück voraus, ohne Sofie und die anderen aus dem Blick zu verlieren. Die beiden finden es schön, einfach so bei Jesus zu sein, ohne reden zu müssen. Mit Jesus verstehen sie sich auch ohne Worte. Auf ihrem Weg kommen sie an einem grünen Hügel vorbei.

»Hier ist ein ruhiger Ort, an dem ich beten möchte«, sagt Jesus und zieht sich zum Beten zurück.

Als er sein Gebet beendet hat, bitten ihn die Jünger:

»Herr, lehre uns zu beten, so wie du betest.« Da sagt Jesus:

»Wenn ihr betet, so sprecht:
Vater unser im Himmel,
geheiligt werde dein Name.
Dein Reich komme.
Dein Wille geschehe, wie im Himmel so
auf Erden.
Unser tägliches Brot gib uns heute.
Und vergib uns unsere Schuld,
wie auch wir vergeben unsern
Schuldigern.
Und führe uns nicht in Versuchung,
sondern erlöse uns von dem Bösen.«

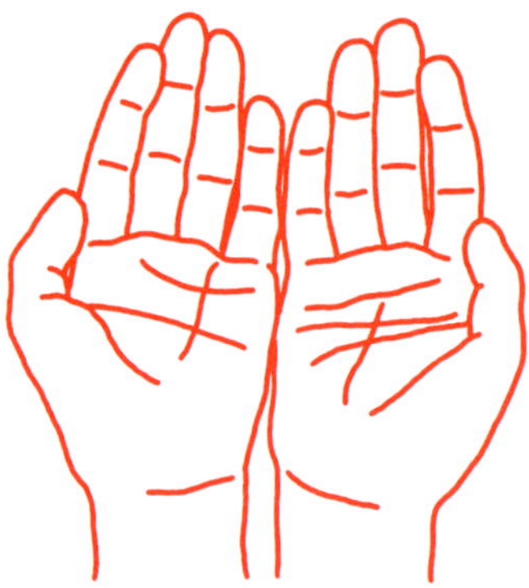

»Ich kenne das Vaterunser«, sagt Sofie, »meine Mutter hat es mir beigebracht und im Religionsunterricht beten wir es auch.«

»Das freut mich«, sagt Jesus. »Und du, Paul, betest du auch?«,

»Ja, schon«, antwortet Paul. »Aber ...«

»Aber was?«, fragt Jesus, der merkt, dass Paul sich unwohl fühlt. »Du weißt doch, dass du mir alles sagen kannst.«

»Ich weiß«, sagt Paul. »Es ist nur so, dass ich nicht immer Lust habe zu beten.«

»Du musst deshalb aber kein schlechtes Gewissen haben«, sagt Jesus. »Beten ist viel mehr, als du denkst.«

»Was meinst du damit?« Auch Sofie ist neugierig geworden.

»Beten heißt, dass wir gut miteinander in Verbindung bleiben«, erklärt Jesus. »Und das können wir auf vielfältige Weise tun.«

»Wie denn?«, fragt Paul.

»Wie macht ihr beide das denn mit eurer Freundschaft?« Paul und Sofie schauen sich an.

»Wir reden miteinander. Wir treffen

uns zum Spielen und wir sind in der Schule zusammen.«

»Und genau so können wir es auch machen«, sagt Jesus. Paul und Sofie sehen Jesus fragend an.

»Es ist ganz einfach. Wenn ihr miteinander redet, bin ich da. Wenn ihr miteinander spielt, bin ich da. Und wenn ihr zur Schule geht, gehe ich mit. Ganz gleich, was ihr tut oder wo ihr seid. Ich bin immer da. Wenn ihr das nicht vergesst, bleibt ihr mit mir verbunden. Und dann genügt auch schon mal ein kurzes ›Hallo‹ oder wenn wir schweigend beieinander sind, so wie vorhin auf dem Weg.

Natürlich könnt ihr mir auch sagen, wenn euch etwas bedrückt, und mir erzählen, was ihr so erlebt habt. Ich bin da und höre euch zu.

Und wenn ihr das Vaterunser sprecht, dann bete ich es mit euch und so sind wir mit Gott und mit allen Menschen verbunden, die an Gott glauben.

»Das gefällt mir«, sagt Paul. »Beten ist ja viel mehr, als ich dachte.«

»Und viel schöner«, ergänzt Sofie.

»Ja, das ist es«, sagt Jesus.

Wie Jesus einen Toten zum Leben erweckt

Sie gehen weiter und kommen in die Stadt Nain. Einige Männer tragen eine Bahre mit einem Toten aus dem Stadttor heraus.

»Was geschieht da?«, fragt Paul.

»Es sieht aus wie eine Beerdigung«, meint Sofie.

»Ja, du hast recht«, sagt Jesus. »Ein junger Mann ist gestorben. Sie tragen ihn zu Grabe.« Hinter der Totenbahre geht seine Mutter und weint. Sie ist Witwe und hat gerade ihren einzigen Sohn verloren. Viele Menschen aus der Stadt begleiten sie zum Friedhof.

»Das ist so traurig«, sagt Sofie und greift nach Pauls Hand. Sogar Lilly scheint die Trauer zu spüren. Mucksmäuschenstill steht sie neben Sofie und rührt sich nicht von der Stelle.

Alle haben Mitleid. Auch Jesus.

Er geht auf die Frau zu und sagt zu ihr:

»Weine nicht!« Dann geht er zur Bahre und fasst sie an, so als wollte er den Trauerzug anhalten. Die Männer bleiben mit der Bahre stehen.

Dann sagt Jesus: »Junger Mann, steh auf!« Sogleich steht der Tote auf und fängt an zu reden. »Hier«, sagt Jesus zu der Mutter, »ich gebe dir deinen Sohn zurück.« Alle wundern sich sehr. Sie preisen Gott und verbreiten die Nachricht im ganzen Land.

»War der Mann wirklich tot?«, fragt Paul, der kaum glauben kann, was er da gesehen hat.

»Ja, er war tot und nun lebt er wieder«, sagt Jesus.

»Aber wie kann das sein?«, fragt Sofie.

»Für Gott ist alles möglich«, sagt Jesus, »denn Gott ist ein Gott des Lebens. Er ist stärker als der Tod. Am Ende des Lebens wird Gott jeden Menschen auferwecken und ihm und ihr ein neues Leben schenken. Ich bin gekommen, um den Menschen das zu zeigen, damit sie an Gott glauben.«

Sofie muss an ihre Oma denken, die vor einem Jahr gestorben ist und die sie noch immer sehr vermisst.

»Auch deine Oma lebt«, sagt Jesus, der Sofie ansieht, woran sie gerade denkt. »Sie lebt jetzt in Frieden bei Gott.« Sofie hört ihr Herz pochen. Sie bückt sich und drückt ihren Hund ganz fest an sich.

»Es geht ihr gut«, flüstert sie Lilly ins Ohr, die leise mit dem Schwanz wedelt.

Die verlorene Drachme

Nachdem sie wieder eine Zeit lang unterwegs sind, bleibt Paul plötzlich stehen.

»Seht mal, da liegt ein Geldstück auf dem Boden.«

»Das ist eine Drachme«, erklärt Jesus. »Die dürft ihr behalten.« Paul steckt die Drachme in seine Hosentasche. Als sie ins nächste Dorf kommen, versammeln sich viele Menschen um Jesus. Sie wollen hören, was er zu sagen hat. Jesus schaut in die Runde und sieht jeden freundlich an. Dann beugt er sich zu Paul herab.

»Würdest du mir bitte die Drachme leihen?« Paul greift in seine Hosentasche und gibt Jesus das Geldstück. Er hält es hoch, so dass alle es sehen können. Dann erzählt er ihnen folgende Geschichte:

»Eine Frau hatte zehn Drachmen. Es war alles, was sie besaß. Eines Tages verlor sie eine Drachme. Was hat sie wohl getan?«

»Ich hätte überall danach gesucht«, sagt Sofie.

»Genau das hat sie getan. Sie hat das ganze Haus auf den Kopf gestellt, jeden Stuhl umgedreht und ist bis in die hintersten Winkel gekrochen, in der Hoffnung, das verlorene Geldstück zu finden. Sie suchte den ganzen Tag danach bis spät in die Nacht.«

»Hat sie die Drachme denn wiedergefunden?«, will Sofie wissen.

»Ja, ihre Suche hat sich gelohnt«, sagt Jesus. »Sie hat die Drachme gefunden und sich so sehr darüber gefreut, dass sie ihre Freundinnen und Nachbarn eingeladen hat, damit sie sich mit ihr freuen.«

»Wie schön«, sagt Sofie. »Gut, dass sie die Suche nicht aufgegeben hat.«

»Ja, das ist wahr. Und so wie diese Frau ist auch Gott. Er sucht jeden Menschen und geht ihm nach, damit keiner verloren geht«, sagt Jesus und gibt Paul die Drachme wieder zurück.

Freunde für immer

Sie gehen weiter und kommen wieder in ein Dorf. Eine Frau bringt ihr Baby zu Jesus, damit er es segnet. Auch andere Mütter und Väter kommen mit ihren kleinen Kindern zu Jesus. Doch die Jünger wollen sie davon abhalten.

»Dafür hat Jesus keine Zeit«, sagen sie. »Er muss den Erwachsenen die Botschaft vom Reich Gottes bringen.« Paul und Sofie sehen Jesus sprachlos an.

»Macht euch keine Sorgen, die Jünger meinen es nicht böse«, sagt Jesus. »Sie müssen noch einiges lernen.«

Dann sagt Jesus zu seinen Jüngern: »Lasst die Kinder zu mir kommen, denn ihnen gehört das Reich Gottes. Ich will jedes Kind segnen.«

Nachdem Jesus alle Kinder gesegnet hat und die Leute wieder gegangen sind, fragt Paul:

»Was hat das zu bedeuten mit dem Reich Gottes und den Kindern?«

»Kommt zu mir«, sagt Jesus und setzt sich auf einen großen Stein. Sofie setzt sich auf die eine Seite und Paul auf die andere Seite neben Jesus.

»Was würdet ihr sagen, ist das Wichtigste in eurer Freundschaft?« Beide überlegen eine Weile.

»Dass ich Sofie vertrauen und mich auf sie verlassen kann«, antwortet Paul schließlich.

»Und dass wir uns gern haben«, ergänzt Sofie.

»Genau das gehört zu einer echten Freundschaft: Liebe und Vertrauen«, sagt Jesus. »Und darum geht es auch in der Beziehung zwischen Gott und den Menschen: um Liebe und Vertrauen.«

»Wir vertrauen dir«, sagt Paul.

»Und wir haben dich lieb«, sagt Sofie.

»Das ist schön«, sagt Jesus. »Ich habe euch auch lieb und werde immer euer Freund sein.«

Langsam geht der Tag zu Ende und Jesus zieht sich mit Paul und Sofie und den Jüngern zurück. Unter den Zweigen eines großen Maulbeerfeigenbaumes lassen sie sich nieder.

Sofie und Paul sehen müde aus. Nach einer Weile schlafen sie ein.

Als sie aufwachen, spüren sie die Stöpsel im Ohr. Sie sind wieder im Baumhaus zusammen mit Lilly.

»War das alles nur ein Traum?«, fragt Sofie.

»Ich weiß nicht recht«, sagt Paul. Dann spürt er etwas in seiner Hosentasche. Er greift hinein und zieht die Drachme heraus.

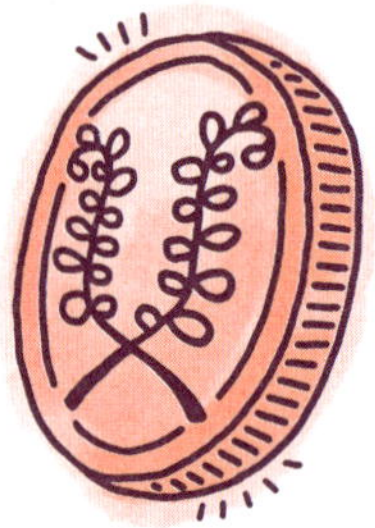